Impressum
Verlag: BABADADA GmbH, Nedderfeld 112 , 22529 Hamburg
Geschäftsführer / Verlagsleitung: Harald Hof
Druck: Books on Demand GmbH, In de Tarpen 42, 22848 Norderstedt

Imprint
Publisher: BABADADA GmbH, Nedderfeld 112 , 22529 Hamburg, Germany
Managing Director / Publishing direction: Harald Hof
Print: Books on Demand GmbH, In de Tarpen 42, 22848 Norderstedt, Germany

училище

shkolla

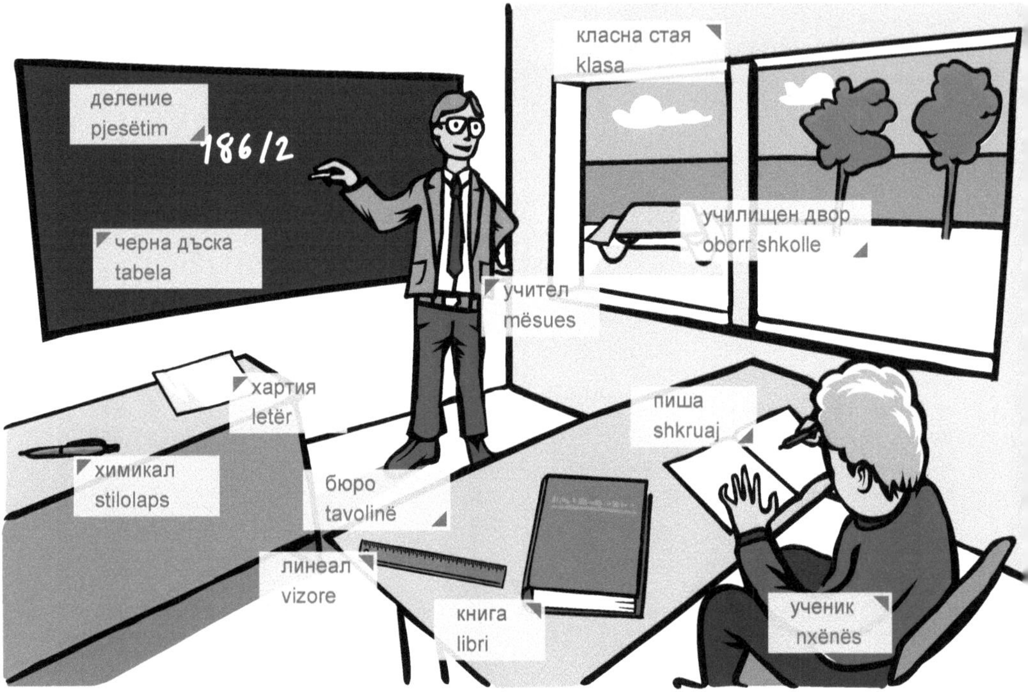

деление
pjesëtim
186/2
класна стая
klasa
черна дъска
tabela
училищен двор
oborr shkolle
учител
mësues
хартия
letër
пиша
shkruaj
химикал
stilolaps
бюро
tavolinë
линеал
vizore
книга
libri
ученик
nxënës

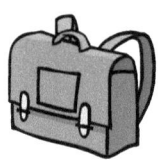

ученическа раница

çantë

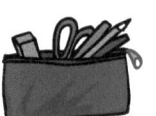

ученически несесер

mbajtëse lapsash

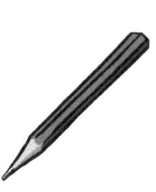

молив

laps

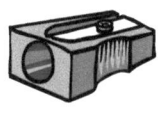

острилка за моливи

mprehës lapsash

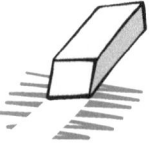

гума

gomë

блок за рисуване

fletore vizatimi

рисунка

vizatim

четка

penel

акварелни бои

kuti bojërash

ножица

gёrshёrё

лепило

ngjitёs

тетрадка за упражнения

fletore detyrash

домашна работа

detyrё shtёpie

число

numёr

събиране

mbledh

изваждане

zbres

умножение

shumёzoj

смятане

llogaris

буква

gёrmё

азбука

alfabeti

дума

fjalё

текст
tekst

чета
lexoj

тебешир
shkumës

час
mësim

дневник на класа
regjistër

изпит
provim

свидетелство
çertifikatë

ученическа униформа
uniformë shkolle

образование
arsimim

справочник
enciklopedia

университет
universitet

микроскоп
mikroskop

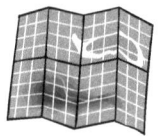

карта
hartë

кошче за хартиени
отпадъци
kosh letrash

пътуване
udhëtim

хотел
hotel
Grand
хостел
bujtinë
ROOMS
обменно бюро
pikë këmbimi valutor
куфар
valixhe
кола
makinë

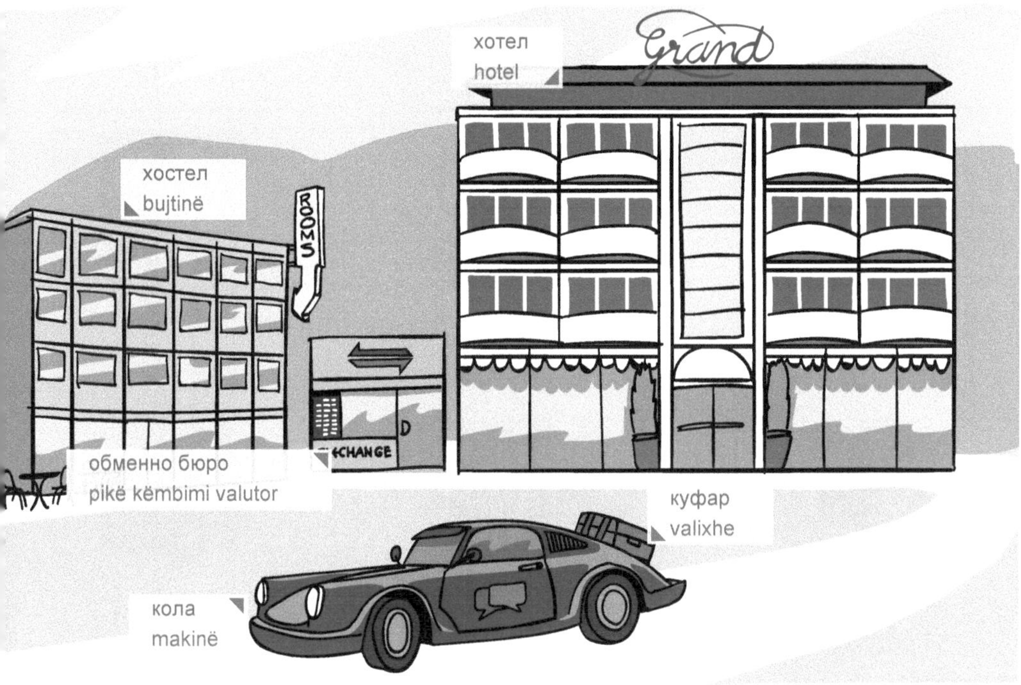

език
gjuhë

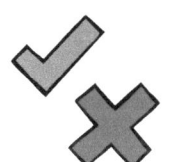

да / не
po / jo

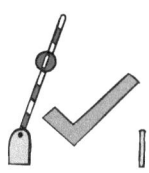

Окей
Në rregull

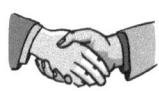

здравей
ç'kemi

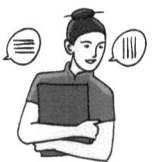

преводач
përkthyes

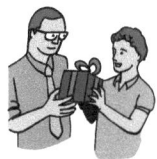

Благодаря
Faleminderit

Колко струва...?

sa kushton...?

Не разбирам

nuk e kuptoj

проблем

problem

Добър вечер!

Mirëmbrëma!

Добро утро!

Mirëmëngjes!

Лека нощ!

Natën e mirë!

довиждане

mirupafshim

посока

drejtim

багаж

bagazhet

пътна чанта

çantë

раница

çantë shpine

посетител

mysafir

стая

dhomë

спален чувал

thes gjumi

палатка

tendë

туристическа информация

informacion për turistët

плаж

plazh

кредитна карта

kartë krediti

закуска

mëngjes

обед

drekë

вечеря

darkë

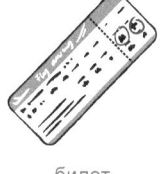

билет

Biletë

асансьор

ashensor

пощенска марка

pulla

граница

kufi

митница

doganë

посолство

ambasadë

виза

vizë

паспорт

pasaportë

транспорт
transport

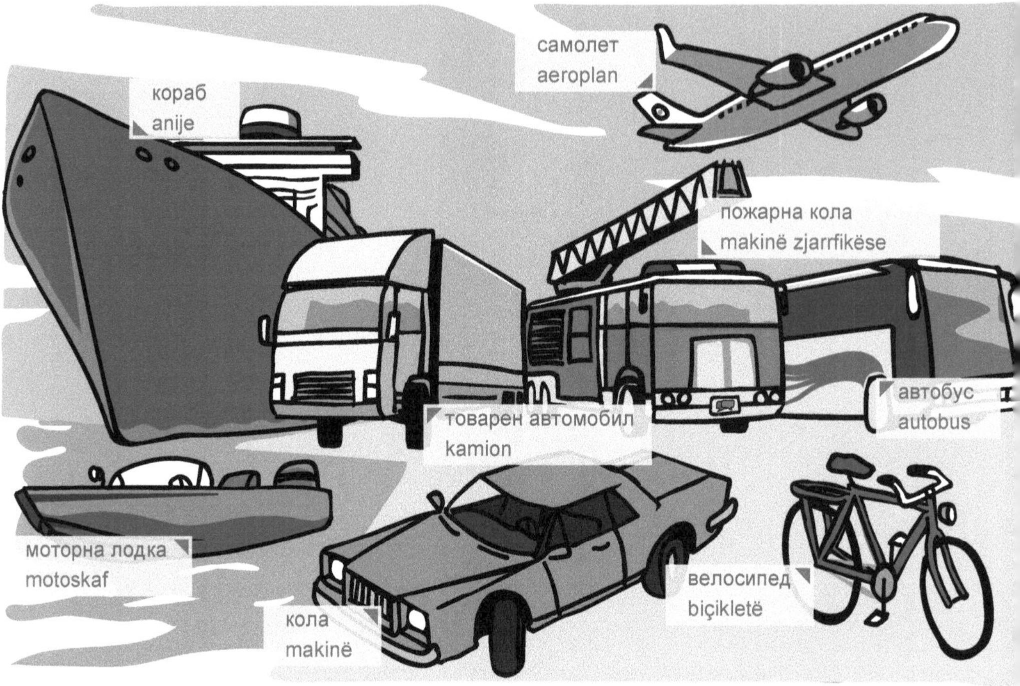
самолет
aeroplan
кораб
anije
пожарна кола
makinë zjarrfikëse
автобус
autobus
товарен автомобил
kamion
моторна лодка
motoskaf
велосипед
biçikletë
кола
makinë

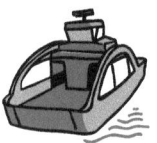

ферибот
traget

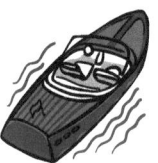

лодка
varkë

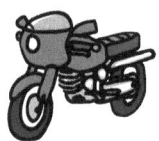

мотоциклет
motoçikletë

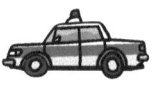

полицейска кола
makinë policie

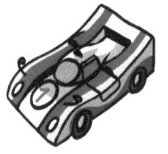

състезателна кола
makinë garash

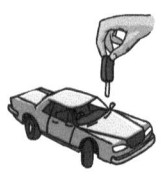

кола под наем
makinë me qira

каршеринг

ndarje e qirasë së makinës

автомобил от "Пътна помощ"

karroatrec

сметовоз

makinë plehrash

двигател

motor

бензин

benzinë

бензиностанция

pikë karburanti

пътен знак

sinjalistikë trafiku

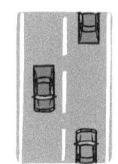

улично движение

trafik

задръстване

bllokim trafiku

паркинг

parkim makinash

гара

stacion treni

релси

trase

влак

tren

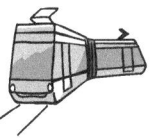

трамвай

tramvaj

вагон

karro

хеликоптер

helikopter

аерогара

aeroport

кула

kullë

пасажер

pasagjer

контейнер

kontenier

кашон

kuti kartoni

ръчна количка

qerre

кошница

shportë

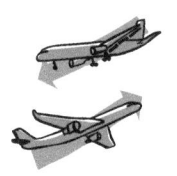

излитам / приземявам се

ngrihem / ulem

град

qytet

село

fshat

градски център

qendra e qytetit

къща

shtëpi

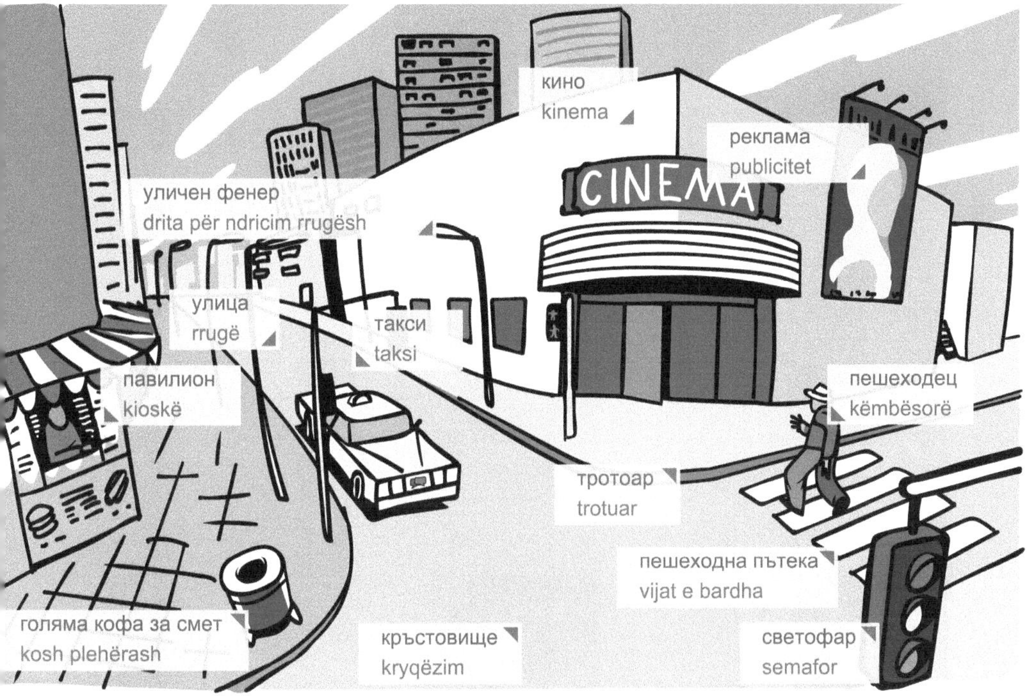

кино
kinema
реклама
publicitet
CINEMA
уличен фенер
drita për ndricim rrugësh
улица
rrugë
такси
taksi
павилион
kioskë
пешеходец
këmbësorë
тротоар
trotuar
пешеходна пътека
vijat e bardha
голяма кофа за смет
kosh plehërash
кръстовище
kryqëzim
светофар
semafor

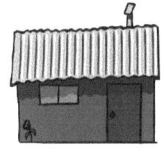

хижа

kasolle

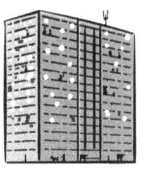

жилище

apartament

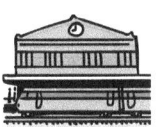

гара

stacion treni

кметство

bashki

MUSEUM

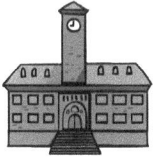

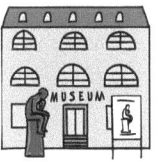

музей

muze

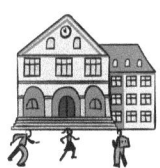

училище

shkolla

университет
universitet

банка
bankë

болница
spital

хотел
hotel

аптека
farmaci

офис
zyrë

книжарница
librari

магазин за цветя
dyqan

магазин за цветя
dyqan lulesh

супермаркет
supermarket

пазар
market

универсален магазин
mapo

търговец на риба
dyqan peshku

търговски център
qëndër tregtare

пристанище
port

парк
park

пейка
stol

мост
urë

стълба
shkallë

метро
metro

тунел
tunel

автобусна спирка
stacion autobuzi

бар
bar

ресторант
restorant

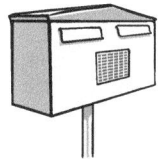

пощенска кутия
kuti postare

улична табелка
sinjalistikë rrugore

часовник за паркинг
престой
kohëmatës parkimi

зоологическа градина
kopsht zoologjik

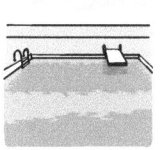

плувен басейн
pishinë

джамия
xhami

селски двор

fermë

замърсяване на околната среда

ndotje

гробище

varrezë

църква

kishë

детска площадка

shesh lojërash

храм

tempull

пейзаж
peisazh

листо
gjethe

пътепоказател
tabela orientuese

път
rrugë

ливада
livadh

камък
gurë

дърво
pemë

пътешественик
ekskursionist

река
lumë

трева
bar

цвете
lule

долина

luginë

планина

kodër

море

liqen

гора

pyll

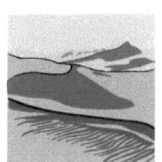

пустиня

shkretëtirë

вулкан

vullkan

замък

kështjellë

дъга

ylber

гъба

kepudhë

палма

palmë

комар

mushkonjë

муха

mizë

мравка

milingonë

пчела

bletë

паяк

merimangë

бръмбар

brumbull

жаба

bretkosë

катеричка

ketër

таралеж

iriq

заек

lepur

кукумявка

buf

птица

zog

лебед

mjellmë

диво прасе

derr i egër

елен

dre

лос

dre brilopatë

бент

digë

вятърна турбина

turbinë ere

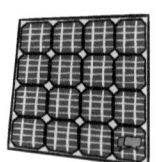

соларен модул

panel diellor

климат

klimë

ресторант
restorant

келнер
kamarier
меню
menu
стол
karrige
супа
supë
пица
pica
покривка за маса
mbulesë tavoline
прибори за хранене
set ngrënieje

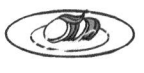

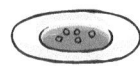

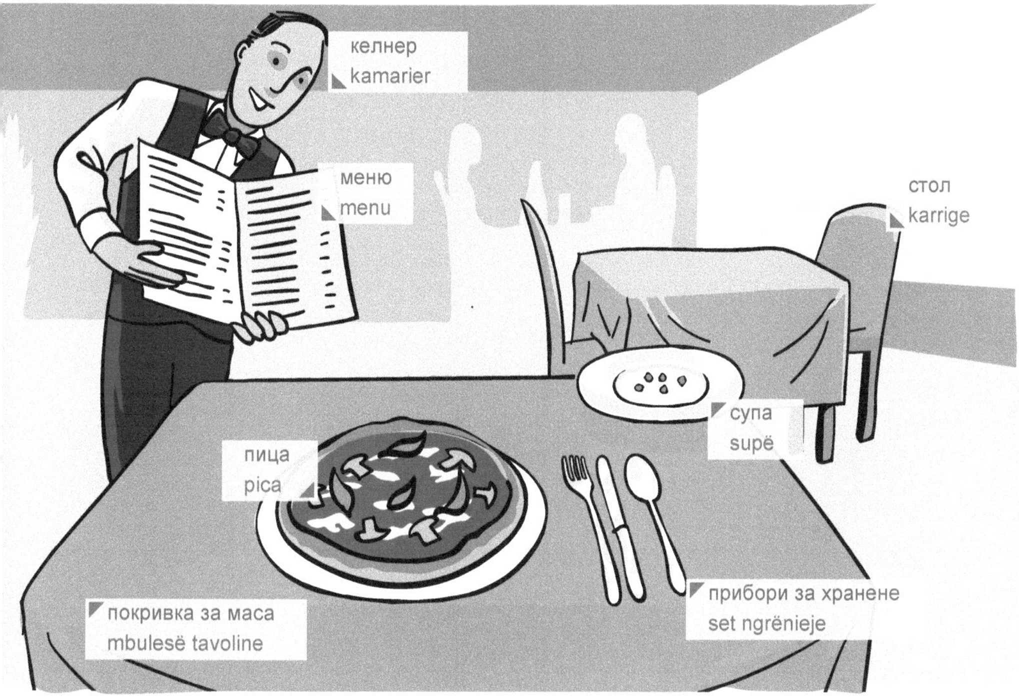

предястие

pjatë e parë

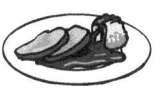

основно ястие

pjatë kryesore

десерт

ëmbëlsirë

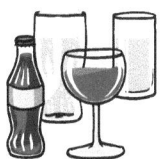

напитки

pije

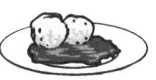

ядене

ushqim

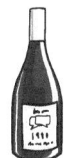

бутилка

shishe

бързо хранене

ushqim i shpejtë

улична храна

ushqim i shërbyer në rrugë

кана за чай

ibrik çaji

кутия за захар

kuti sheqeri

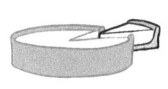

порция

racion

еспресо машина

makinë kafeje ekspres

висок детски стол

karrige e lartë

сметка

faturë

табла

tabaka

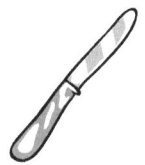

ножица за нокти

thika

вилица

pirun

лъжица

lugë

чаена лъжичка

lugë çaji

салфетка

pecetë

стъклена чаша

gotë

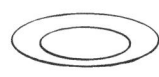

чиния

pjatë

чиния за супа

pjatë supe

чинийка

pjatë filxhani

сос

salcë

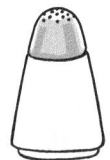

солница

mbajtëse kripe

мелничка за черен пипер

mulli piperi

оцет

uthull

олио

vaj

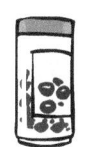

подправки

erëza

кетчуп

keçap

горчица

mustardë

майонеза

majonezë

супермаркет
supermarket

оферта
ofertë speciale
FOR
клиент
klient
млечни продукти
produkte bulmeti
плодове
frut
количка за покупки
karrocë pazari

BUTCHERS

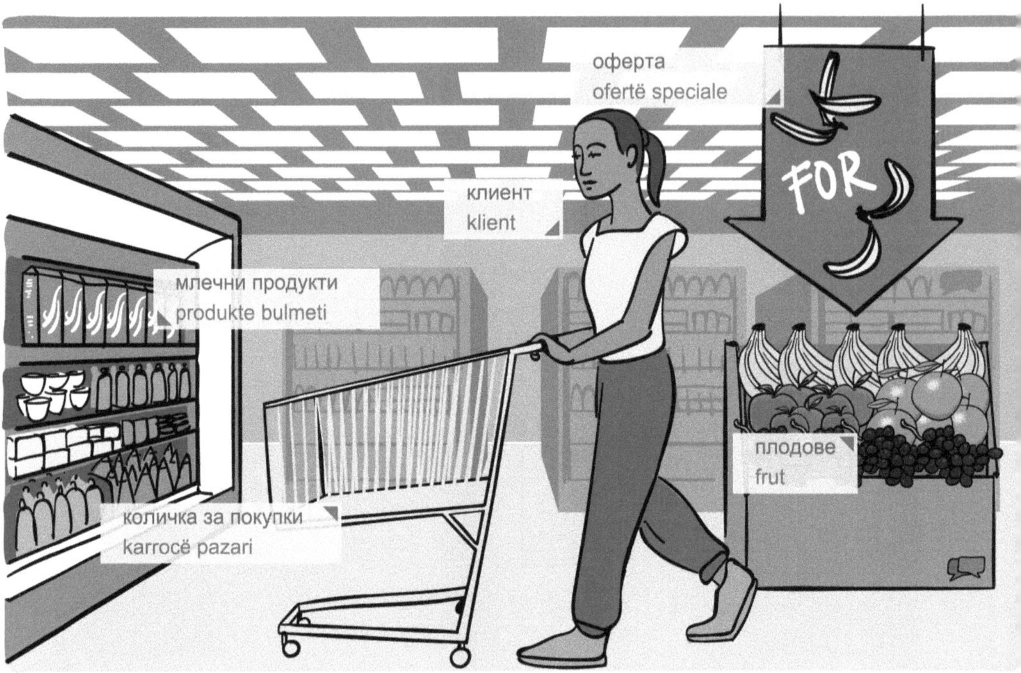

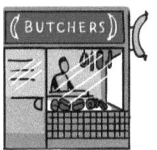

кланица

dyqan mishi

BAKERY

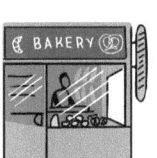

хлебарница

furrë buke

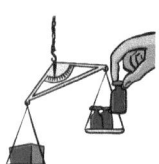

тегля

peshoj

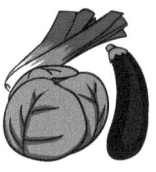

зеленчуци

perime

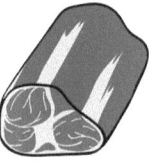

месо

mish

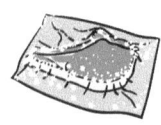

дълбоко замразена храна

ushqim i ngrirë

нарязан колбас или сирене
copë

консерви
ushqim i konservuar

перилен препарат
pluhur larës

лакомства
ëmbëlsirat

домакински изделия
prodhime shtëpie

почистващи препарати
produkte pastrimi

продавачка
shitëse

каса
kasë fiskale

касиер
arkëtar

списък на покупките
listë blerjeje

работно време
oraret e punës

портфейл
portofol

кредитна карта
kartë krediti

чанта
çantë

пластмасова торба
qese plastike

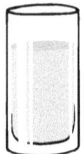

вода

ujë

сок

lëng frutash

мляко

qumësht

кола

koka-kola

вино

verë

бира

birrë

алкохол

alkool

какао

kakao

чай

çaj

кафе машина

kafe

еспресо

kafe ekspres

капучино

kapuçino

банан

banane

ябълка

mollë

портокал

portokalle

пъпеш

pjepër

лимон

limon

морков

karrotë

чесън

hudhër

бамбук

bambu

лук

qepë

гъба

kërpudha

ядки

arra

макарони

makarona

спагети

spageti

ориз

oriz

салата

sallatë

пържени картофи

patate të skuqura

печени картофи

patate të skuqura

пица

pica

хамбургер

hamburger

сандвич

sanduiç

шницел

shnicel

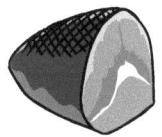

шунка

proshutë

траен колбас

sallam

салам

salçiçe

пиле

pulë

печено

skuq

риба

peshk

овесени ядки

tërshërë

мюсли

drithëra

корнфлейкс

kornfleiks

брашно

miell

кроасан

kruasant

хлебчета

panine

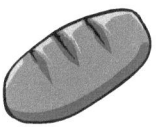

хляб

bukë

препечена филийка

tost

бисквити

biskotë

масло

gjalp

извара

gjizë

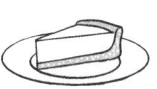

сладкиш

tortë

яйце

vezë

яйца на очи

vezë sy

сирене

djathë

сладолед

akullore

захар

sheqer

мед

mjaltë

мармалад

marmaladë

нуга крем

çokokrem

къри

këri

селски двор
fermë

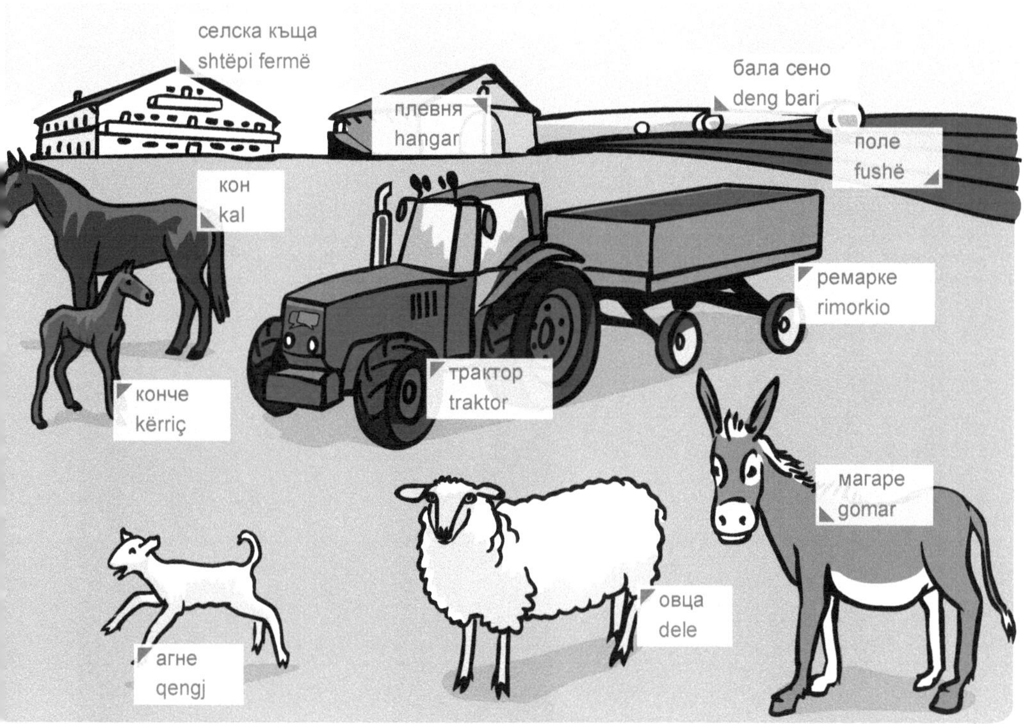

селска къща
shtëpi fermë
плевня
hangar
бала сено
deng bari
поле
fushë
кон
kal
ремарке
rimorkio
трактор
traktor
конче
kërriç
магаре
gomar
овца
dele
агне
qengj

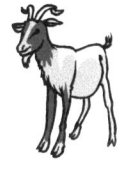

коза
dhi

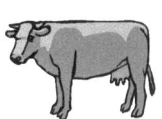

крава
lopë

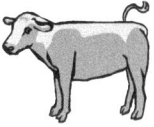

теле
viç

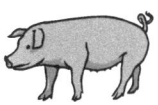

свиня
derr

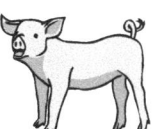

прасенце
derrkuc

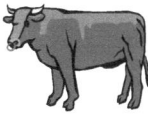

бик
dem

гъска

patë

патица

rosë

пиленце

zog pule

кокошка

pulë

петел

gjel

плъх

mi

котка

mace

мишка

mi

вол

buall

куче

qen

кучешка колиба

kolibe qeni

градински маркуч

zorrë vaditëse

лейка

vaditëse

коса

kosë

плуг

plug

селски двор - fermë

сърп

drapër

мотика

shat

вила за тор

kosa

брадва

sëpatë

ръчна количка

karrocë

корито

govatë

съд за мляко

bidon qumështi

чувал

thes

ограда

gardh

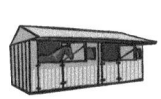

обор

ahur

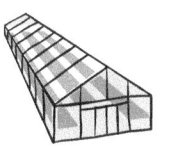

парник

serë

земя

dhe

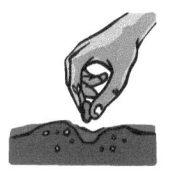

сеитба

farë

тор

pleh

комбайн

autokombanjë

жъна

korr

реколта

te korrat

ямс

patate e ëmbël "Yam"

жито

grurë

соя

soja

картоф

patate

царевица

misër

рапица

raps

овощно дърво

pemë frutore

маниока

zhardhok manioku

зърнени храни

drithëra

30   селски двор - fermë

къща

shtëpi

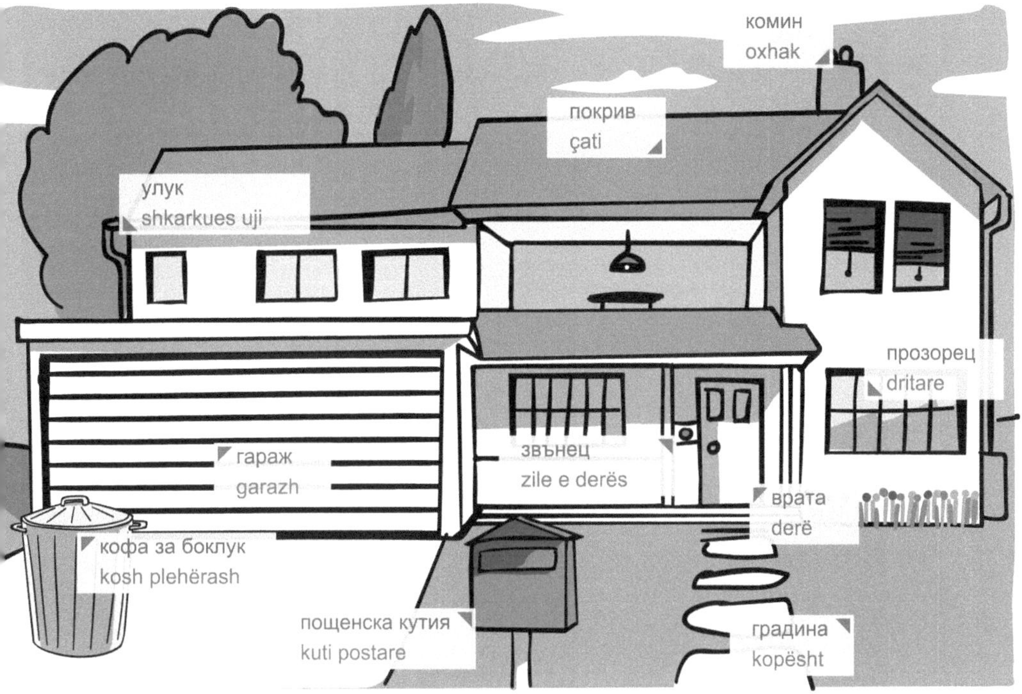

комин
oxhak
покрив
çati
улук
shkarkues uji
прозорец
dritare
гараж
garazh
звънец
zile e derës
врата
derë
кофа за боклук
kosh plehërash
пощенска кутия
kuti postare
градина
kopësht

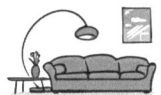

всекидневна

dhomë ndenjeje

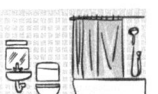

баня

tualet

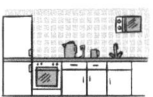

кухня

kuzhinë

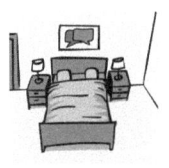

спалня

dhomë gjumi

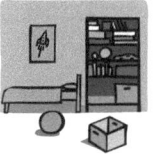

детска стая

dhomë fëmijësh

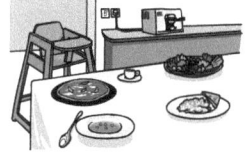

трапезария

dhomë ngrënieje

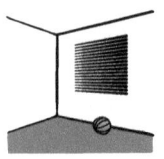

под
....
dysheme

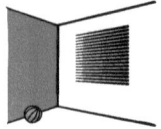

стена
....
mur

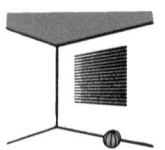

таван
....
tavan

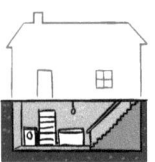

изба
....
bodrum

сауна
....
sauna

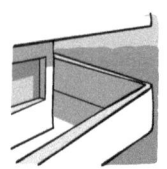

балкон
....
ballkon

тераса
....
tarracë

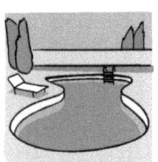

плувен басейн
....
pishinë

косачка
....
kositëse bari

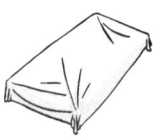

спално бельо
....
çarçaf

покривка за легло
....
kuvertë

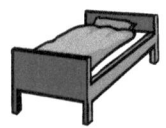

легло
....
krevat

метла
....
fshesë dore

кофа
....
kovë

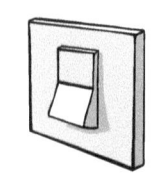

електрически ключ
....
çelës

всекидневна
dhomë ndenjeje

тапет
tapiceri
картина
fotografi
лампа
llambë
рафт
raft
шкаф
dollap
телевизор
pajisje televizive
камина
vatër
цвете
lule
възглавница
jastëk
канапе
divan
ваза
vazo
дистанционно управление
telekomandë

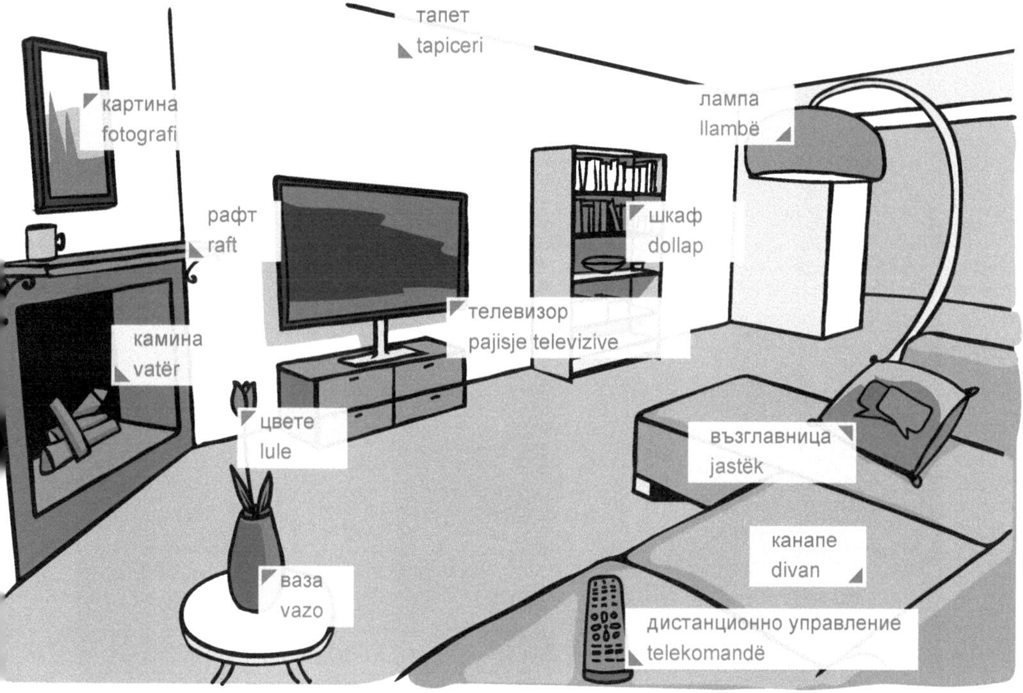

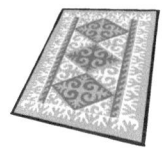

килим

qilim

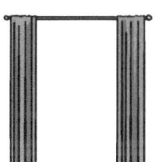

завеса

perde

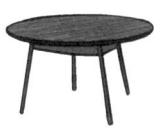

маса

tavolinë

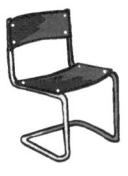

стол

karrige

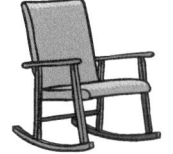

люлеещ се стол

karrige lëkundëse

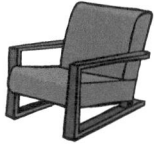

кресло

kolltuk

книга

libri

одеяло

batanije

декорация

zbukurime

дърва за отопление

dru zjarri

филм

film

стерео уредба

stereo

ключ

çelës

вестник

gazetë

живопис

pikturë

постер

afishe

радио

radio

бележник

bllok shënimesh

прахосмукачка

fshesë me korent

кактус

kaktus

свещ

qiri

кухня
kuzhinë

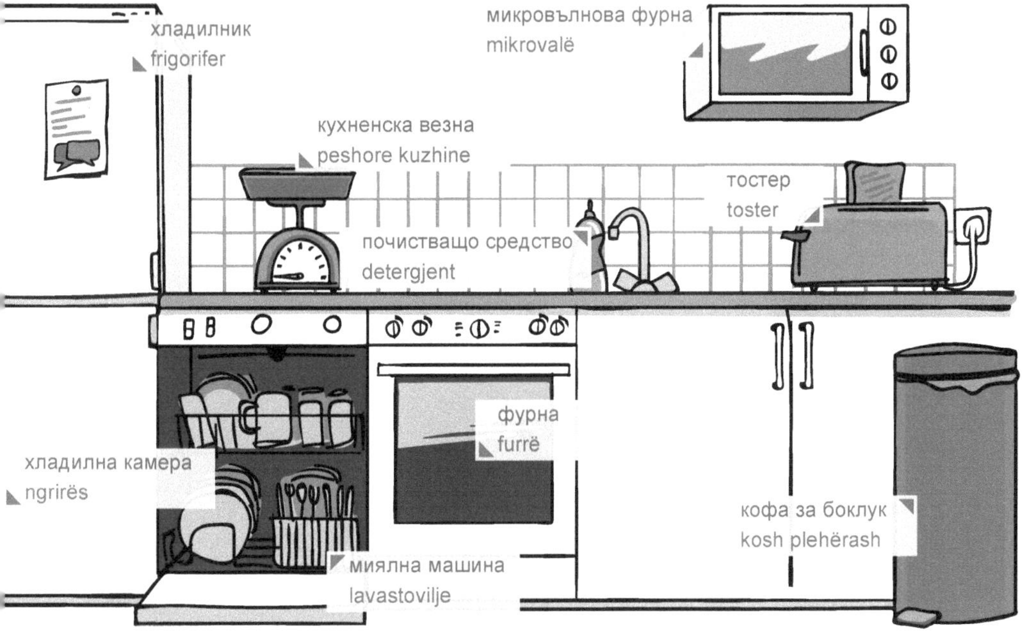

хладилник
frigorifer
микровълнова фурна
mikrovalë
кухненска везна
peshore kuzhine
тостер
toster
почистващо средство
detergjent
фурна
furrë
хладилна камера
ngrirës
кофа за боклук
kosh plehërash
миялна машина
lavastovilje

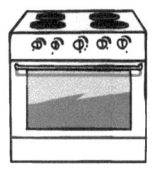

готварска печка

sobë

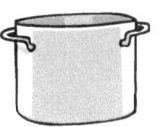

тенджера

tenxhere

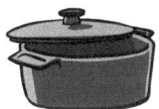

желязна тенджера

tenxhere me kapak

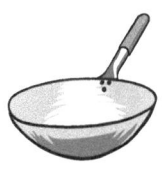

уок / кадаи

tigan special (Wok)

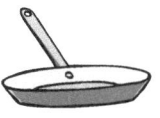

тиган

tigan

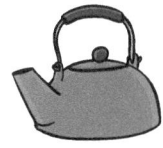

кана за затопляне на вода

çajnik

уред за готвене на пара

tenxhere me avull

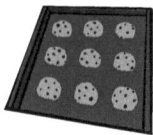

тава за печене

tavë pjekjeje

съдове

enë

чаша

filxhan

купа

tas

клечки за хранене

shkopinj

черпак

garuzhde

лопатка за тиган

spatul

тел за разбиване (на яйца, белтъци)

tel kuzhine

кошница за варене

kulluese

гевгир

sitë

ренде

rende

хаван

havan

барбекю

skarë

огнище

zjarr

дъска

dërrasë për prerje

точилка

okllai

тирбушон

heqëse tapash

кутия

kanaçe

отварачка за консерви

hapëse kanaçeje

кухненска ръкохватка

rrobë për të kapur tenxheren

мивка

lavaman

четка

furçë

гъба

sfungjer

миксер

përzjerës

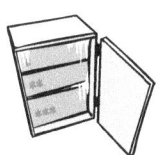

фризер

ngrirës

бебешко шише

biberon për lëngje

воден кран

rubinet

баня

tualet

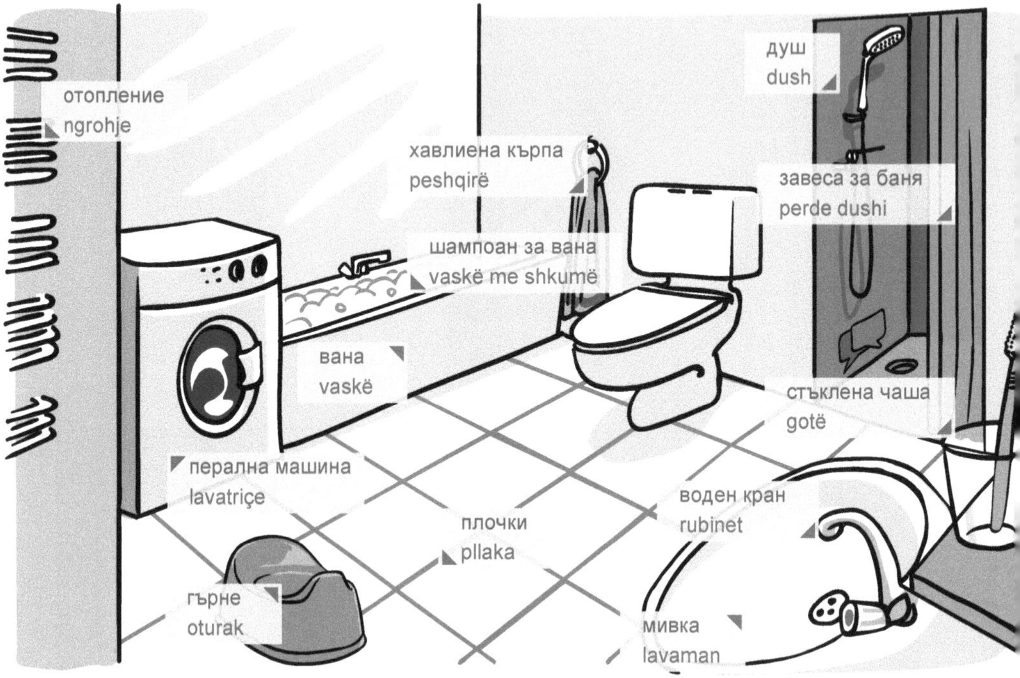

отопление
ngrohje
хавлиена кърпа
peshqirë
душ
dush
завеса за баня
perde dushi
шампоан за вана
vaskë me shkumë
вана
vaskë
стъклена чаша
gotë
перална машина
lavatriçe
воден кран
rubinet
плочки
pllaka
гърне
oturak
мивка
lavaman

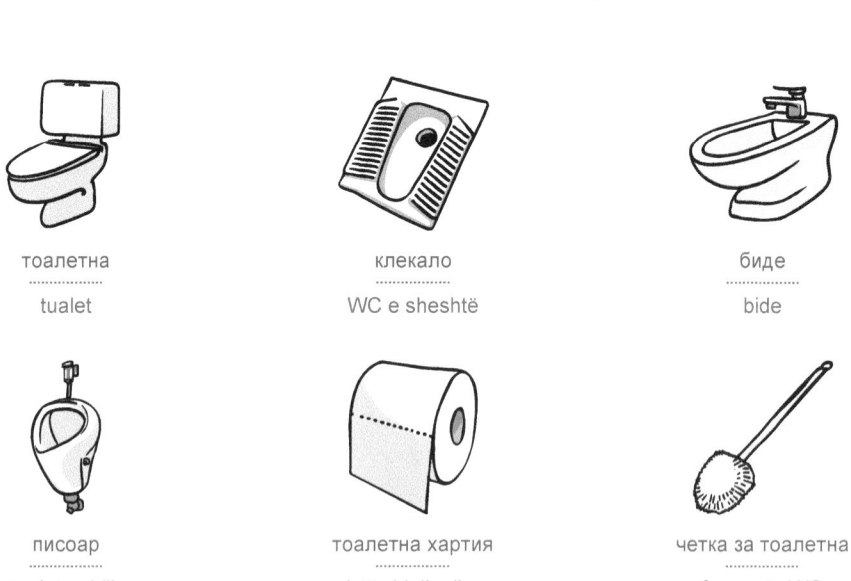

тоалетна
tualet

клекало
WC e sheshtë

биде
bide

писоар
tualet publik

тоалетна хартия
letër higjienike

четка за тоалетна
furçe për WC

четка за зъби

furçë dhëmbësh

паста за зъби

pastë dhëmbësh

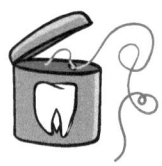

конец за зъби

fije dentare

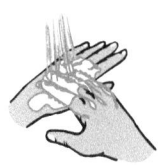

мия

laj

ръчен душ

dorezë dushi

интимен душ

larës për zonën intime

леген

legen

четка за гръб

furçë për masazh shpine

сапун

sapun

душ гел

shampo trupi

шампоан за вана

shampo

гъба за баня

leckë pastruese

сифон

kullues

крем

krem

дезодорант

antidjersë

огледало

pasqyrë

козметично огледало

pasqyrë dore

ръчна самобръсначка

brisk rroje

пяна за бръснене

shkumë rroje

одеколон за след бръснене

locion pas rrojes

гребен

krehër

четка

furçë

сешоар

tharëse flokësh

спрей за коса

llak për flokët

грим

grim

червило

buzëkuq

лак за нокти

manikyr

памук

mbushje pambuku

ножица за нокти

gërshërë për thonj

парфюм

parfum

тоалетна чантичка

antë për sendet personale

табуретка

Stol

везна

peshore

хавлия

robëdëshambër

домакински ръкавици

dorashka gome

тампон

tampon

дамски преврзки

peceta higjienike

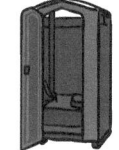

химическа тоалетна

tualet I lëvizshëm

детска стая
dhomë fëmijësh

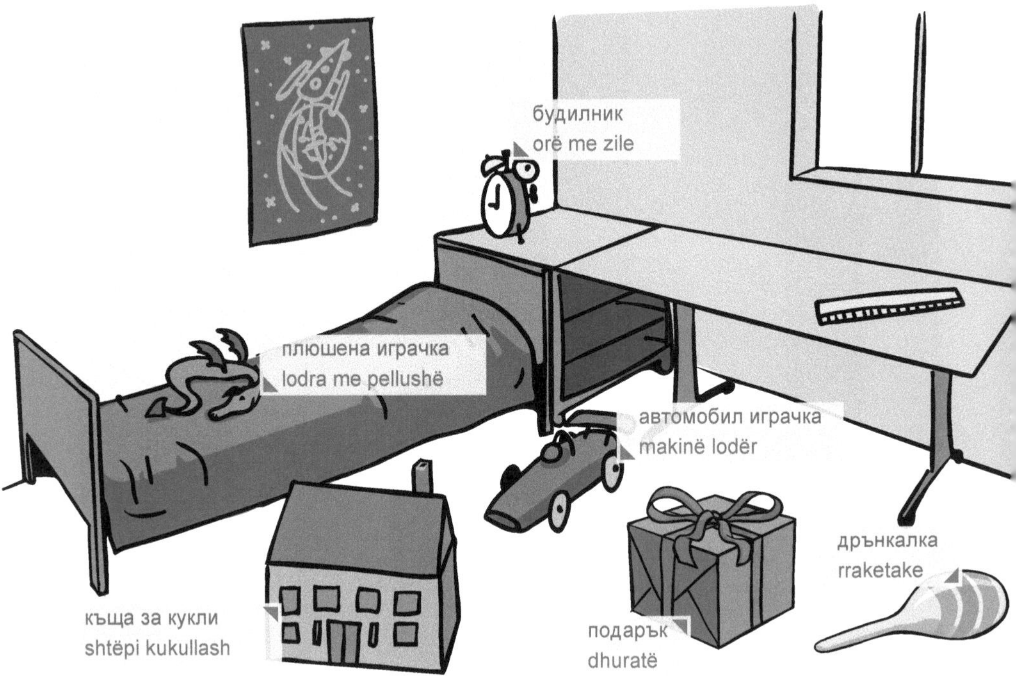

будилник
orë me zile
плюшена играчка
lodra me pellushë
автомобил играчка
makinë lodër
дрънкалка
rraketake
къща за кукли
shtëpi kukullash
подарък
dhuratë

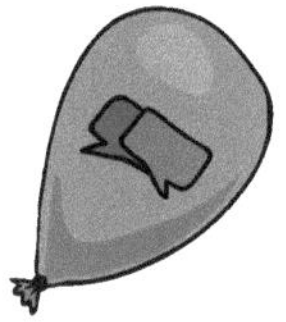

балон
tollumbace

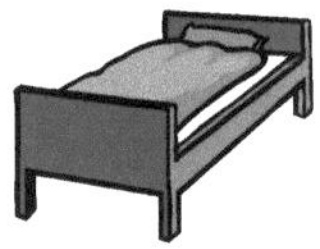

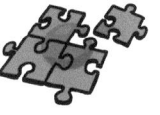

легло
krevat

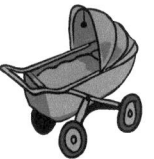

детска количка
karrocë fëmijësh

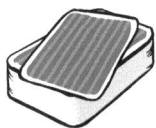

игра на карти
lojë me letra

пъзел
bashkim pjesësh me figura

SUPER
MEGA

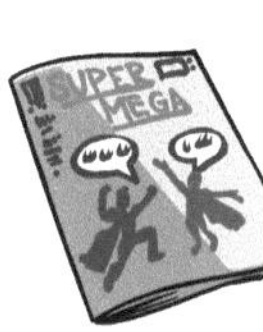

комикс
komik

лего елементи

formuese lodër

строителни елементи

kuba plastikë

екшън фигурка

lodra

бебешки гащеризон

badi

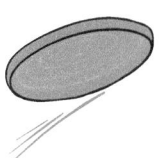

фрисби

frizbi

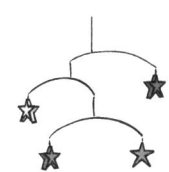

бебешки играчки за легло

lodra të varura tek krevati i fëmijëve

настолна игра

tavolinë lojërash

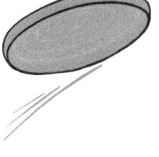

зарче

zare

миниатюрно влакче

model treni

биберон

biberon

парти

festë

детска книга с илюстрации

libër me ilustrime

топка

top

кукла

kukull

играя

luaj

пясъчник

grumbull rërе

люлка

kolovarëse

играчка

lodra

игрова конзола

leva për lojra video

велосипед с три колелета

triçikël

плюшено мече

arush prej pellushi

гардероб

garderobë

къси чорапи

çorape

дълги чорапи

çorape të gjata

чорапогащник

geta

шал
shall

чадър
çadër

Т-шърт
bluzë pa jakë

колан
rrip

ботуши
çizme

пантофи
pantofla

гуменки
atlete

сандали
sandale

обувки
këpucë

гумени ботуши
çizme llastiku

слип
të mbathura

сутиен
reçipeta

долна блуза
kanotierë

облекло - veshje 45

боди

trup

панталон

pantallona

дънки

xhinse

пола

fund

блуза

bluzë

риза

këmishë

пуловер

pulovër

суичър

triko

блейзър

xhaketë

яке

xhaketë

палто

pallto

дъждобран

mushama shiu

костюм

kostum

рокля

fustan

булчинска рокля

fustan nusërie

облекло - veshje

костюм

kostum

нощница

këmishë nate

пижама

pizhama

сари

sari (veshje tradicionale indiane)

кърпа за глава

shami koke

тюрбан

çallmë

бурка

veshje për femrat e besimit musliman

кафтан

kaftan (lloj veshjeje tradicionale)

абая

ferexhe

бански костюм

kostum banje

плувни шорти

rroba banje

къс панталон

pantallona të shkurtra

анцуг

tuta sporti

престилка

përparëse

ръкавици

dorashka

копче

kopsë

очила

syze

гривна

byzylyk

верижка

gjerdan

пръстен

unazë

обеца

vath

каскет

kapuç

закачалка

varëse për pallto

шапка

kapele

вратовръзка

kravatë

цип

zinxhir

каска

helmetë

тиранти

tiranda

ученическа униформа

uniformë shkolle

униформа

uniformë

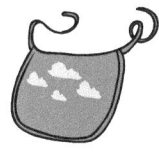

лигавник
gushore

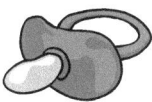

биберон
biberon

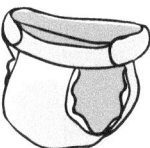

пелена
pelenë

офис
zyrë

сървър
server
шкаф за документи
skedar
принтер
printer
хартия
letër
монитор
ekran
мишка
maus
бюро
tavolinë
папка
dosje
клавиатура
tastierë
стол
karrige
кошче за хартиени отпадъци
kosh letrash
компютър
kompjuter

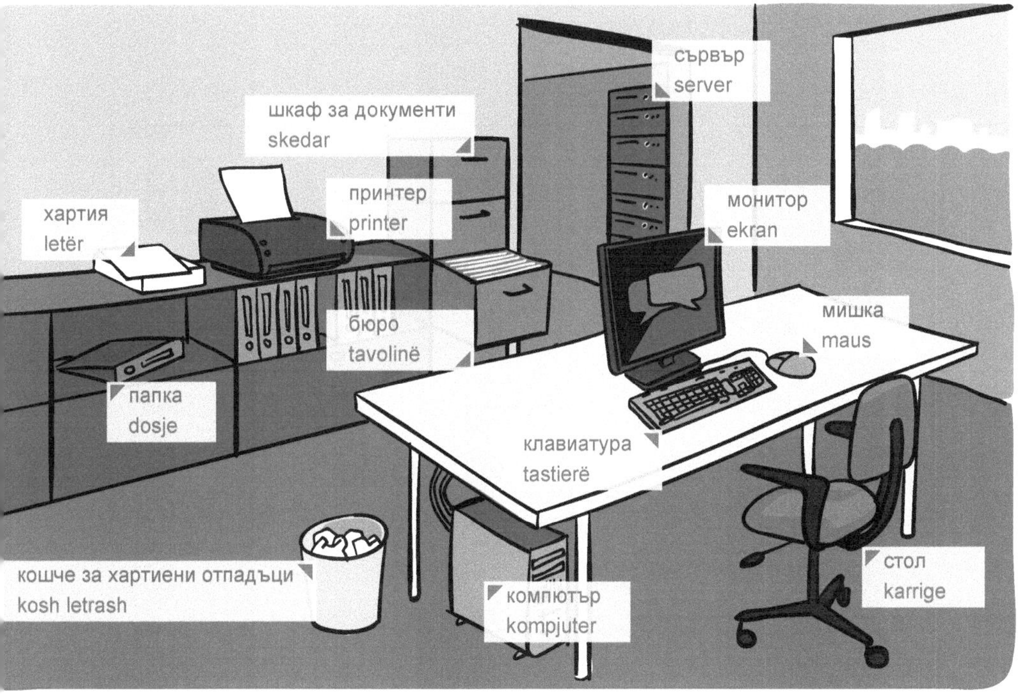

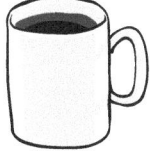

чаша за кафе
filxhan kafeje

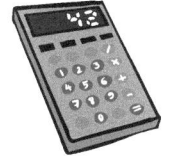

джобен калкулатор
makinë llogaritëse

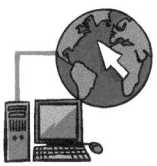

интернет
internet

лаптоп

kompjuter portativ

писмо

letër

съобщение

mesazh

мобилен телефон

telefon

мрежа

rrjet

ксерокс

fotokopje

софтуер

program

телефон

telefon

контакт

prizë

факс

pajisje faksi

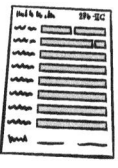

формуляр

formular

документ

dokument

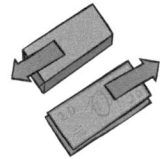

купувам

blej

плащам

paguaj

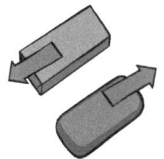

търгувам

tregtoj

пари

para

долар

dollar

евро

euro

йена

jen

рубла

rubla

швейцарски франк

franga zvicerane

ренминби юан

juani kinez

рупия

rupje

банкомат

bankomat

обменно бюро

pikë këmbimi valutor

злато

ar

сребро

argjend

нефт

nafta

енергия

energji

цена

çmim

договор

kontratë

данък

taksë

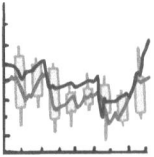

акция

aksione

работя

punoj

служител

punonjës

работодател

punëdhënës

фабрика

fabrikë

магазин за цветя

dyqan

икономика - ekonomi

полицай
oficer policie

пожарникар
zjarrfikës

готвач
kuzhinier

лекар
mjek

пилот
pilot

градинар

kopshtar

мебелист

marangoz

шивачка

rrobaqepëse

съдия

gjykatës

химик

kimist

артист

aktor

шофьор на автобус

shofer autobuzi

шофьор на такси

taksist

рибар

peshkatar

чистачка

pastruese

майстор на покриви

riparues çatish

келнер

kamarier

ловец

gjuetar

художник

piktor

хлебар

furrxhi

електротехник

elektriçist

строителен работник

ndërtues

инженер

inxhinier

касапин

kasap

тенекеджия

hidraulik

пощальон

postieri

войник

ushtar

архитект

arkitekt

касиер

arkëtar

цветар

luleshitës

фризьор

berber

кондуктор

kontrollor

механик

mekanik

капитан

kapiten

зъболекар

dentist

научен работник

shkencëtar

равин

rabin

имàм

imam

монах

murg

свещеник

klerik

инструменти
mjete

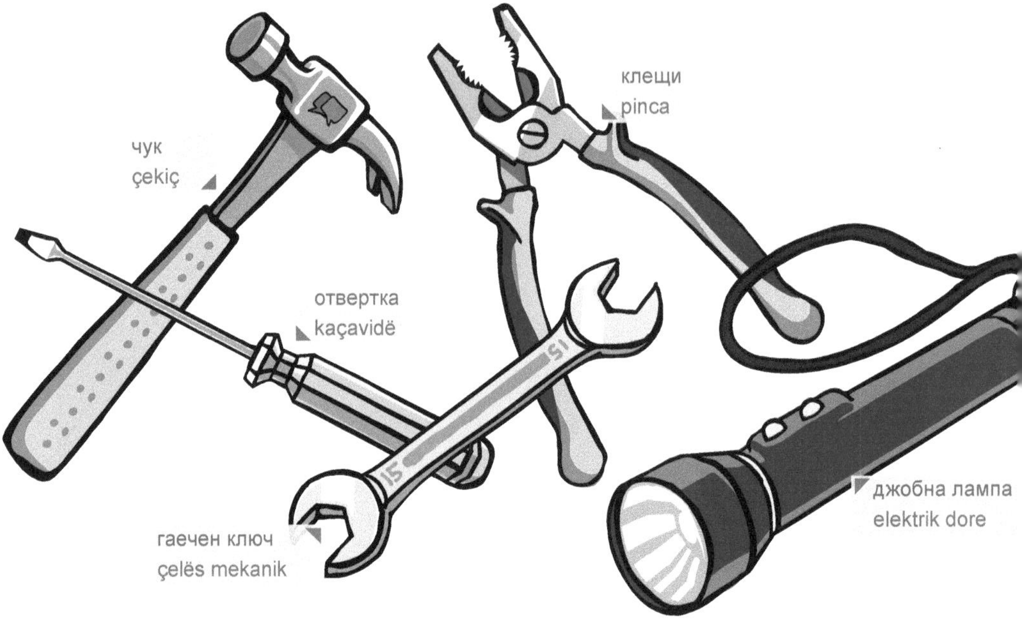
чук
çekiç
клещи
pinca
отвертка
kaçavidë
гаечен ключ
çelës mekanik
джобна лампа
elektrik dore

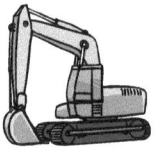

багер

ekskavator

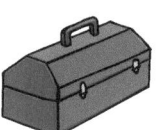

кутия за инструменти

kuti veglash

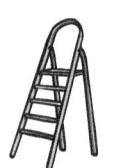

стълба

shkallë

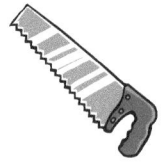

трион

sharrë

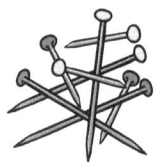

пирони

gozhdë

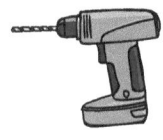

бормашина

trapan

ремонтирам

riparoj

лопата

lopatë

По дяволите!

Dreq!

лопатка за смет

kaci

кутия за боя

kuti boje

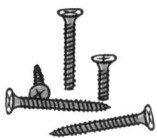

болтове

vidhë

музикални инструменти
instrumenta muzikorë

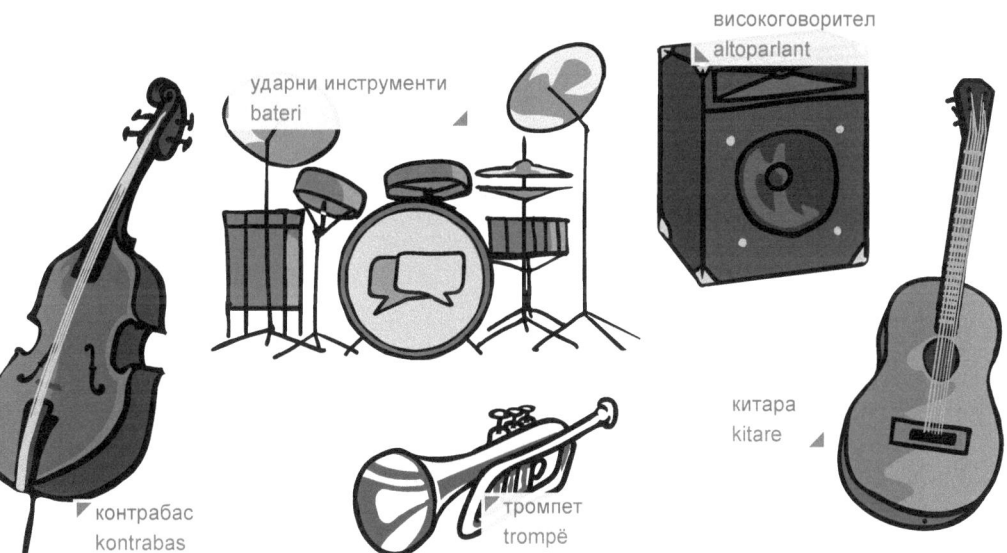

високоговорител
altoparlant

ударни инструменти
bateri

китара
kitare

контрабас
kontrabas

тромпет
trompë

пиано
piano

виолина
violinë

контрабас
bas

тимпан
tamburë

барабан
daulle

електрическо пиано
tastierë pianoje

саксофон
saksofon

флейта
flaut

микрофон
mikrofon

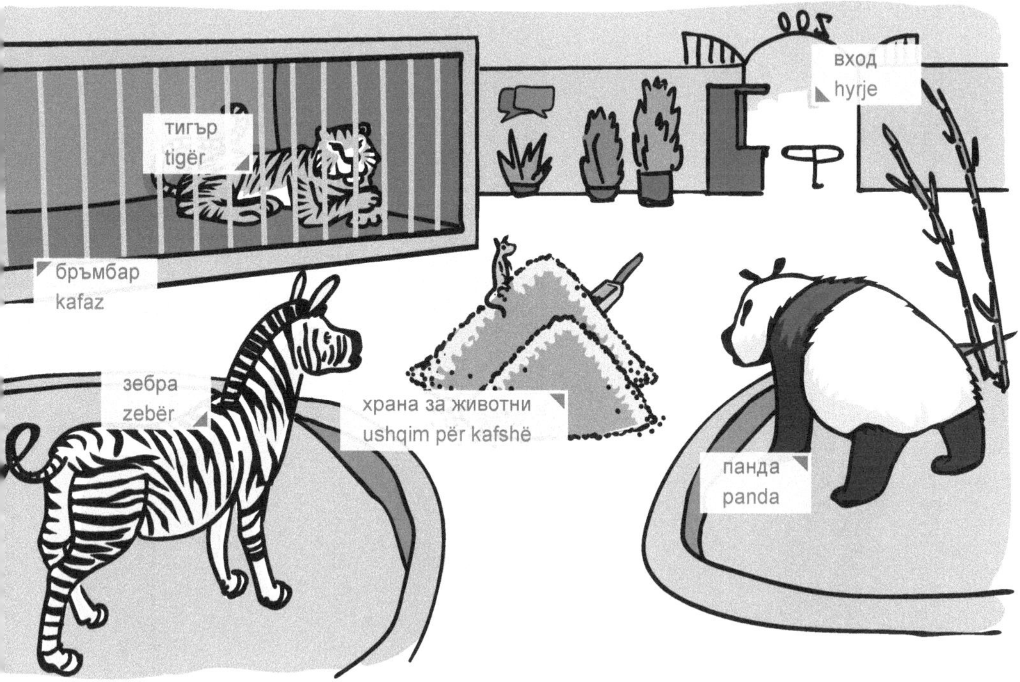

тигър
tigër

вход
hyrje

бръмбар
kafaz

зебра
zebër

храна за животни
ushqim për kafshë

панда
panda

животни

kafshë

слон

elefant

кенгуру

kangur

носорог

rinoceront

горила

gorillë

мечка

ari

камила

deve

щраус

struc

лъв

luan

маймуна

majmun

фламинго

flamingo

папагал

papagall

бяла мечка

ari polar

пингвин

pinguin

акула

peshkaqen

паун

pallua

змия

gjarpër

крокодил

krokodil

пазач в зоологическа
градина

punonjës i kopshtit zoologjik

тюлен

fokë

ягуар

xhaguar

пони
poni

леопард
leopard

хипопотам
hipopotam

жираф
gjirafë

орел
shqiponjë

диво прасе
derr i egër

риба
peshk

костенурка
breshkë

морж
lopë deti

лисица
dhelpër

газела
gazelë

американски футбол
futboll amerikan

колоездене
çiklizëm

тенис
tenis

баскетбол
basketboll

плуване
not

бокс
boks

хокей на лед
hokej mbi akull

футбол
futboll

бадминтон
badminton

лека атлетика
atletikë

хандбал
hendboll

ски бягане
ski

поло
polo

дейности
aktivitet

скачам
hidhem
прегръщам
përqafoj
смея се
qesh
вървя
eci
пея
këndoj
сънувам
ëndërroj
моля се
lutem
целувам
puth

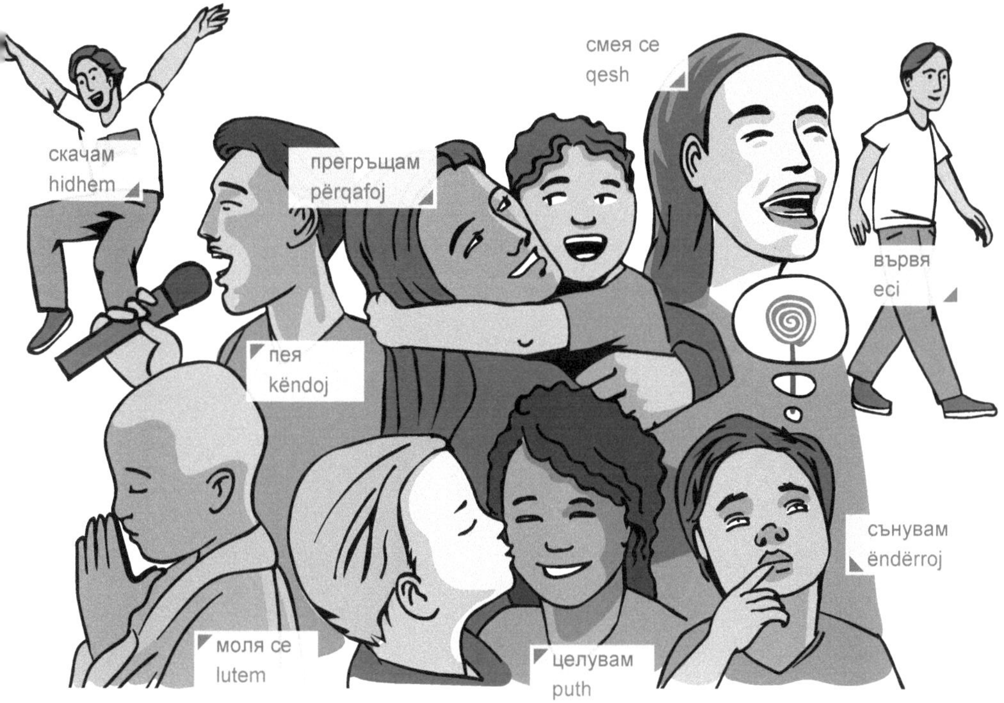

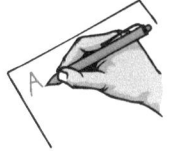

пиша
shkruaj

рисувам
vizatoj

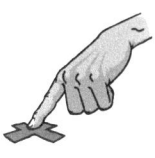

показвам
tregoj

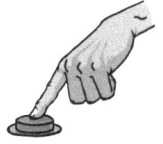

бутам
shtyj

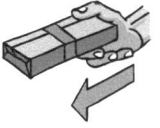

давам
jap

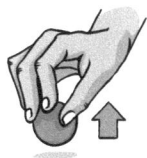

взимам
marr

имам

kam

правя

bëj

съм

jam

стоя

qëndroj

тичам

vrapoj

дърпам

tërheq

хвърлям

hedh

падам

bie

лежа

shtrihem

чакам

pres

нося

mbaj

седя

ulem

обличам

vishem

спя

fle

събуждам се

zgjohem

разглеждам

shikoj

плача

qaj

милвам

përkëdhel

реша се

kreh

говоря

bisedoj

разбирам

kuptoj

питам

kërkoj

слушам

dëgjoj

пия

pi

ям

ha

разтребвам

sistemoj

обичам

dashuroj

готвя

gatuaj

карам автомобил

drejtoj makinën

летя

fluturoj

плавам (с платна)

lundroj

смятане

llogaris

чета

lexoj

уча

mësoj

работя

punoj

женя се

martohem

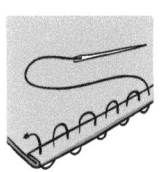

шия

qep

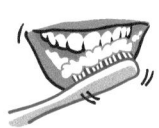

измивам си зъбите

laj dhëmbët

убивам

vras

пуша

tymos

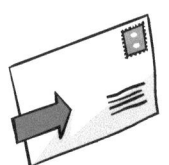

изпращам

dërgoj

семейство
familje

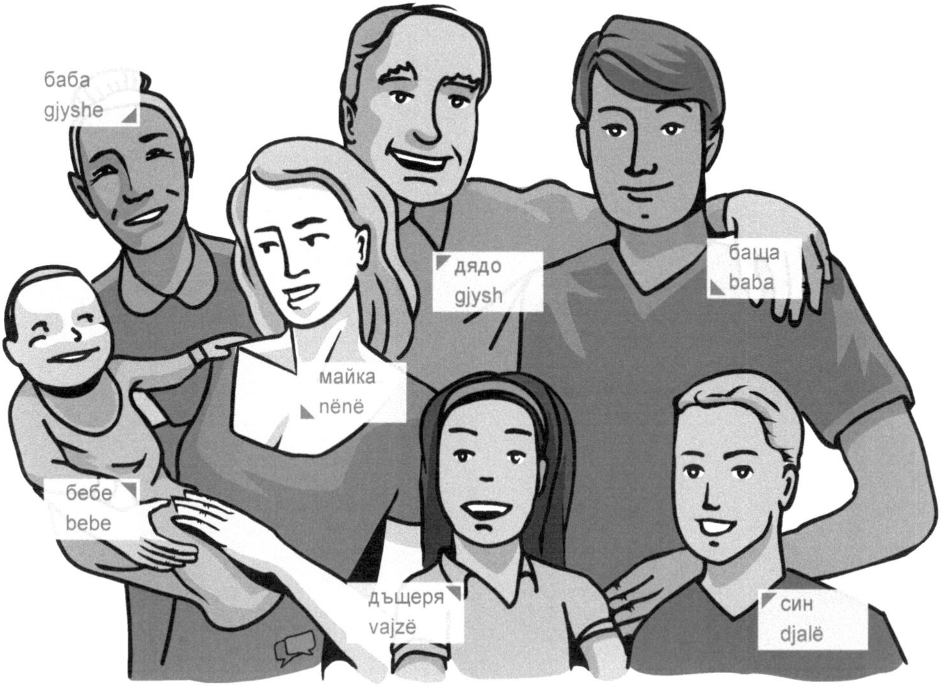

баба
gjyshe
дядо
gjysh
баща
baba
майка
nënë
бебе
bebe
дъщеря
vajzë
син
djalë

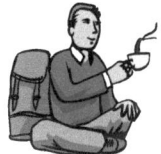

посетител

mysafir

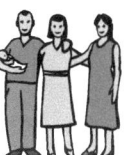

леля

teze, hallë

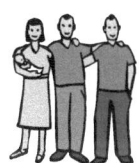

чичо

dajë, xhaxha

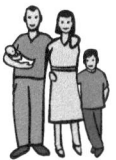

брат

vëlla

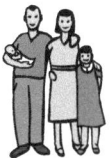

сестра

motër

тяло

trupi

чело
balli
око
syri
рамо
shpatulla
пръст
gishti
лице
fytyra
брадичка
mjekra
ръка
dora
крак
këmba
гърди
krahërori
ръка
krahu

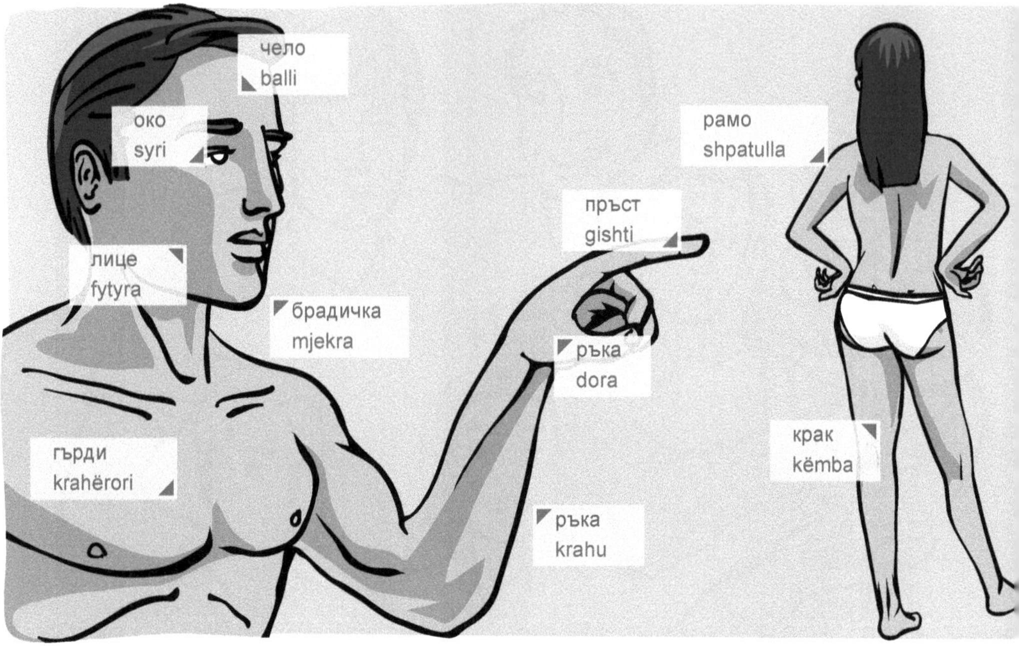

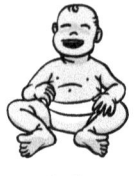

бебе

bebe

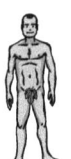

мъж

burrë

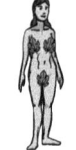

жена

grua

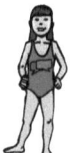

момиче

vajzë

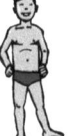

момче

djalë

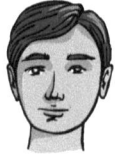

глава

koka

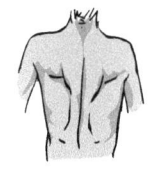

гръб

shpina

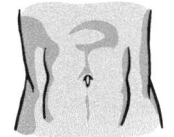

корем

barku

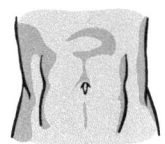

пъп

kërthiza

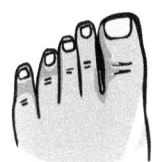

пръст на крака

gisht këmbe

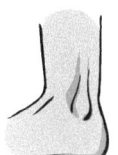

пета

Thembra

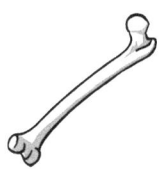

кост

kockë

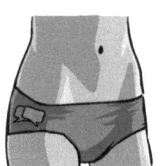

хълбок

legeni

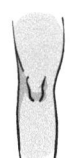

коляно

gjuri

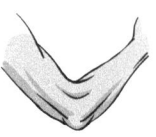

лакът

bërryli

нос

hunda

седалище

vithe

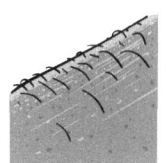

кожа

lëkura

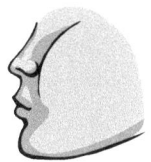

буза

faqja

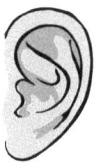

ухо

veshi

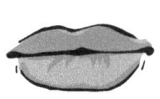

устна

buza

уста

goja

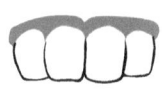

зъб

dhëmbët

език

gjuha

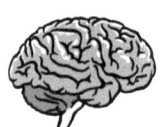

мозък

truri

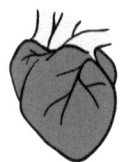

сърце

zemra

мускул

muskul

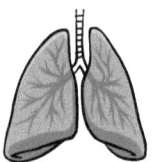

бял дроб

mushkëria

черен дроб

mëlçia

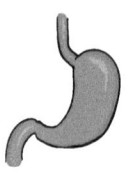

стомах

stomaku

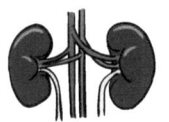

бъбреци

veshka

полово сношение

seks

кондом

prezervativ

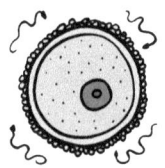

яйцеклетка

veza

сперма

sperma

бременност

shtatëzani

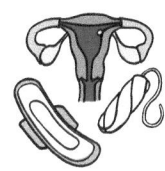

менструация

menstruacione

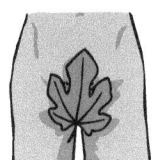

вагина

vagina

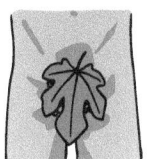

пенис

penis

вежда

vetulla

коса

flokët

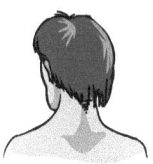

шия

qafa

болница

spital

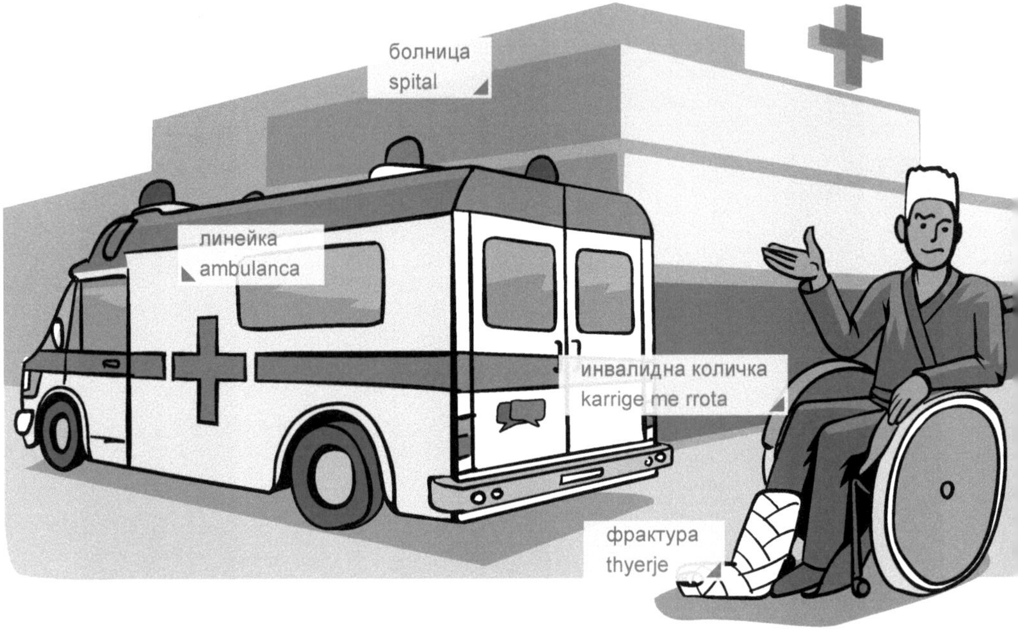

болница
spital
линейка
ambulanca
инвалидна количка
karrige me rrota
фрактура
thyerje

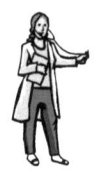

лекар

mjek

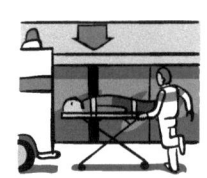

спешна хоспитализация

sallë urgjencash

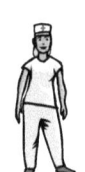

медицинска сестра

infermiere

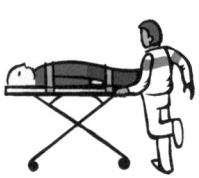

спешен случай

emergjencë

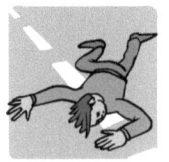

в безсъзнание

i pandërgjegjshëm

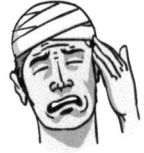

болка

dhimbje

нараняване

dëmtim

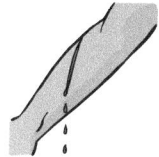

кървене

gjakosje

инфаркт

infarkt

инсулт

goditje

алергия

alergji

кашлица

kolla

температура

ethe

грип

grip

диария

diarre

главоболие

dhimbje koke

рак

kancer

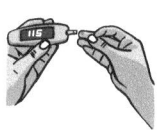

диабет

diabet

хирург

kirurg

скалпел

bisturi

операция

operacion

компютърна томография

CT (skaner)

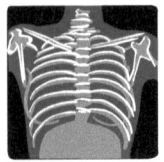

рентген

radiografi

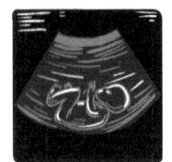

ултразвук

ultratingull

маска

maskë fytyre

болест

sëmundje

чакалня

dhomë pritjeje

патерица

paterica

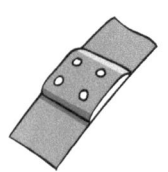

пластир

leukoplast

превръзка

fasho

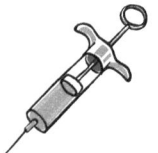

инжекция

injeksion

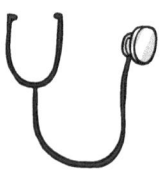

стетоскоп

stetoskop

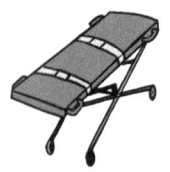

носилка

barelë

термометър

termometër

раждане

lindje

наднормено тегло

mbipeshë

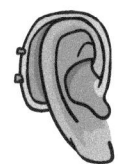

слухов апарат

aparat dëgjimi

дезинфекционно средство

dezinfektant

инфекция

infeksion

вирус

virus

HIV / AIDS

HIV / AIDS

медицина

mjekësi, mjekim

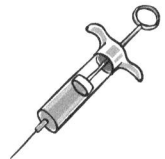

ваксинация

vaksinim

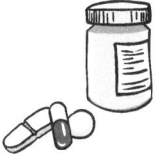

таблети

tableta

противозачатъчна
таблетка
pilulë

спешно телефонно
обаждане
telefonatë emergjence

апарат за измерване на
кръвното налягане

aparat tensioni

болен / здрав

i sëmurë / i shëndetshëm

Помощ!

Ndihmë!

сигнал за тревога

alarm

нападение

sulm

атака

atak

опасност

rrezik

аварien изход

dalje emergjence

Пожар!

Zjarr!

пожарогасител

fikëse zjarri

злополука

aksident

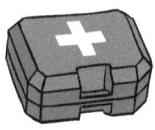

комплект за оказване на
първа помощ

kuti e ndimës së shpejtë

SOS

SOS

полиция

policia

Европа

Europa

Северна Америка

Amerika e Veriut

Южна Америка

Amerika e Jugut

Африка

Afrika

Азия

Azia

Австралия

Australia

Атлантически океан

Atlantiku

Тихи океан

Paqësori

Индийски океан

Oqeani Indian

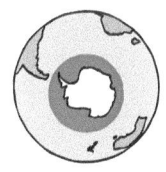

Южен ледовит океан

Oqeani Antarktik

Северен ледовит океан

Oqeani Arktik

Северен полюс

Poli i veriut

Южен полюс

Poli i Jugut

Антарктида

Antarktida

Земя

toka

суша

tokë

море

det

остров

ishull

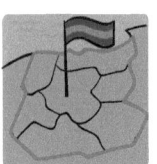

нация

komb

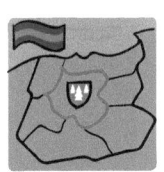

държава

shtet

циферблат

fusha e orës

стрелка на часовете

akrepi i orës

стрелка на минутите

akrepi i minutave

стрелка на секундите

akrepi i sekondave

Колко е часът?

Sa është ora?

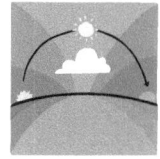

ден

ditë

време

kohë

сега

tani

дигитален часовник

orë dixhitale

минута

minutë

час

orë

понеделник
e hënë

сряда
e mërkurë

петък
e premte

вторник
e martë

четвъртък
e enjte

събота
e shtunë

неделя
e diel

вчера
dje

днес
sot

утре
nesër

сутрин
mëngjes

обед
mesditë

вечер
mbrëmje

работни дни
ditë pune

уикенд
fundjavë

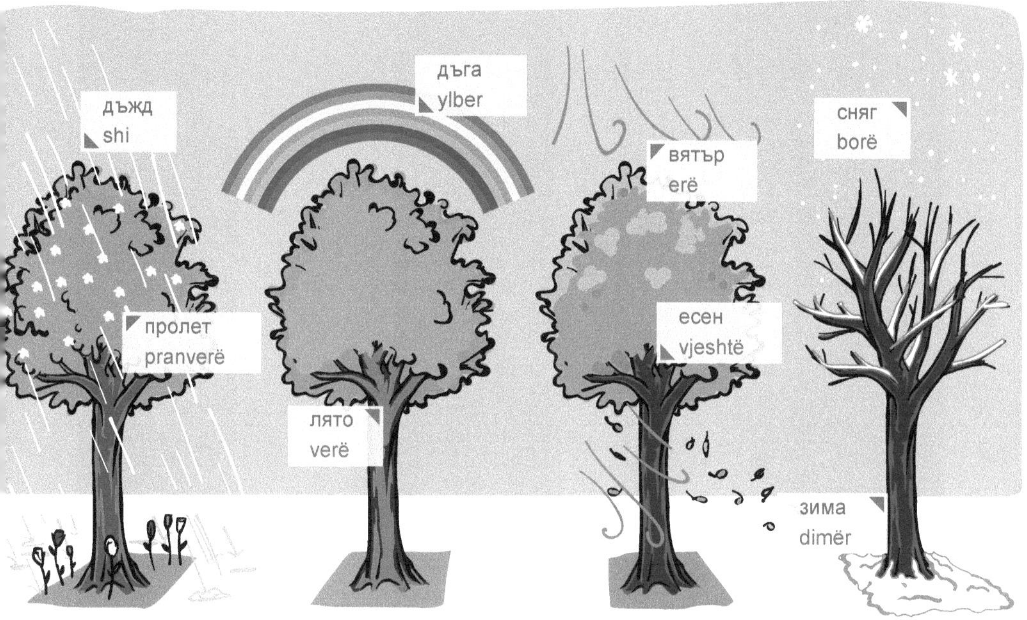

дъжд
shi
дъга
ylber
сняг
borë
вятър
erë
пролет
pranverë
есен
vjeshtë
лято
verë
зима
dimër

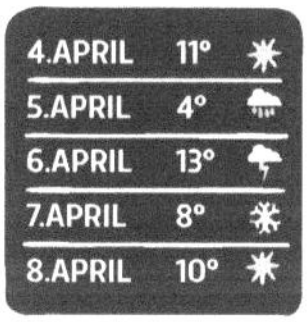

4.APRIL 11°
5.APRIL 4°
6.APRIL 13°
7.APRIL 8°
8.APRIL 10°

прогноза за времето

parashikimi i motit

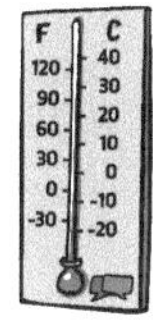

F C
120 40
90 30
60 20
30 10
0 0
-30 -10
-20

термометър

termometër

слънчева светлина

ndriçim dielli

облак

re

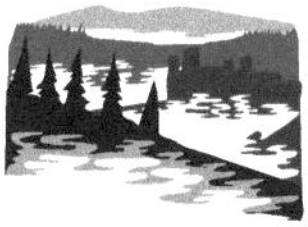

мъгла

mjegull

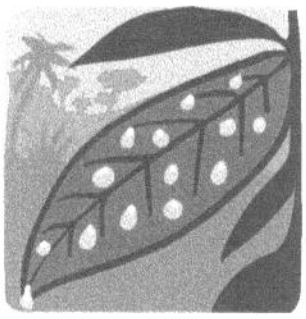

влажност на въздуха

lagështi

светкавица

vetëtima

гръмотевица

gjëmim

буря

stuhi

градушка

breshër

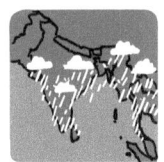

мусон

muson

наводнение

përmbytje

лед

akull

януари

janar

февруари

shkurt

март

mars

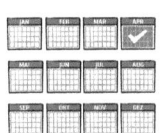

април

prill

май

maj

юни

qershor

юли

korrik

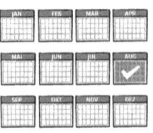

август

gusht

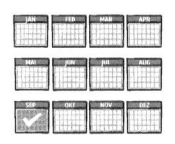

септември
....
shtator

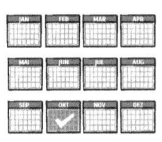

октомври
....
tetor

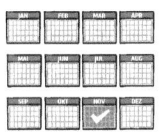

ноември
....
nëntor

декември
....
dhjetor

форми
forma

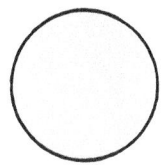

кръг
....
rreth

квадрат
....
katror

четириъгълник
....
drejtkëndësh

триъгълник
....
trekëndësh

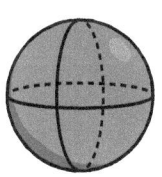

сфера
....
sferë

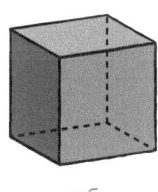

куб
....
kub

бял

e bardhë

жълт

e verdhë

оранжев

portokalli

розов

rozë

червен

e kuqe

лилав

vjollcë

син

blu

зелен

e gjelbër

кафяв

kafe

сив

gri

черен

e zezë

много / малко

shumë / pak

ядосан / спокоен

i nevrikosur / i qetë

красив / грозен

i bukur / i shëmtuar

начало / край

fillim / fund

голям / малък

i madh / i vogël

светъл / тъмен

i ndritshëm / i errët

брат / сестра

vëlla / motër

чист / мръсен

e pastër / e pistë

пълен / непълен

e plotë / jo e plotë

ден / нощ

ditë / natë

мъртъв / жив

gjallë / vdekur

широк / тесен

i gjerë / i ngushtë

ядлив / неядлив

i ngrënshëm / i
pangrënshëm

сърдит / любезен

i keq / i këndshëm

развълнуван / скучаещ

i lumtur / i mërzitur

дебел / тънък

i shëndoshë / i dobët

най-напред / най-накрая

e para / e fundit

приятел / враг

mik / armik

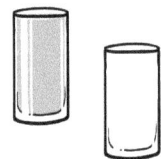

пълен / празен

plot / bosh

твърд / мек

e fortë / e butë

тежък / лек

e rëndë / e lehtë

глад / жажда

uri / etje

болен / здрав

i sëmurë / i shëndetshëm

нелегален / легален

e paligjshme / e ligjshme

интелигентен / глупав

i zgjuar / budalla

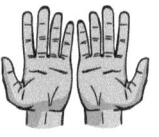

ляво / дясно

majtas / djathtas

близо / далече

afër / larg

нов / употребяван

e re / e përdorur

нищо / нещо

asgjë / diçka

стар / млад

i moshuar / i ri

вкл. / изкл.

ndezur / fikur

отворен / затворен

hapur / mbyllur

тих / силен (звук)

i qetë / i zhurmshëm

богат / беден

i pasur / i varfër

правилен / погрешен

e drejtë / e gabuar

грапав / гладък

i ashpër / i butë

тъжен / щастлив

i mërzitur / i lumtur

дълъг / къс

i shkurtër / i gjatë

бавен / бърз

ngadalë / shpejt

мокър / сух

i lagësht / i thatë

топъл / студен

ngrohtë / freskët

война / мир

luftë / paqe

0

нула

zero

1

едно

një

2

две

dy

3

три

tre

4

четири

katër

5

пет

pesë

6

шест

gjashtë

7

седем

shtatë

8

осем

tetë

9

девет

nentë

10

десет

dhjetë

11

единадесет

njëmbëdhjetë

12

дванадесет

dymbëdhjetë

13

тринадесет

trembëdhjetë

14

четиринадесет

katërmbëdhjetë

15

петнадесет

pesëmbëdhjetë

16

шестнадесет

gjashtëmbëdhjetë

17

седемнадесет

shtatëmbëdhjetë

18

осемнадесет

tetëmbëdhjetë

19

деветнадесет

nentëmbëdhjetë

20

двадесет

njëzetë

100

сто

qind

1.000

хиляда

mijë

1.000.000

милион

milion

английски
anglisht

американски английски
anglishte amerikane

китайски мандарин
kinezisht mandarin

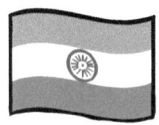

хинди
hindi

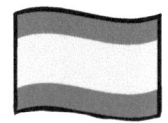

испански
spanjisht

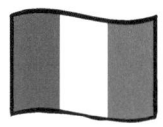

френски
frëngjisht

арабски
arabisht

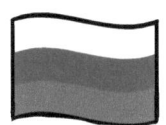

руски
rusisht

португалски
portugalisht

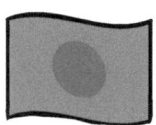

бенгалски
bengalisht

немски
gjermanisht

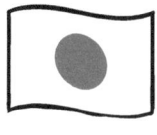

японски
japonisht

аз

unë

ти

ti

той / тя / то

ai / ajo

ние

ne

вие

ju

те

ata

кой?

kush?

какво?

çfarë?

как?

si?

къде?

ku?

кога?

kur?

име

emër

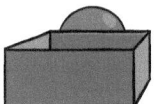

зад

pas

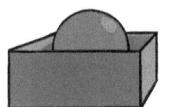

в

në

пред

përballë

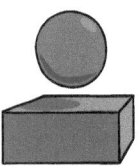

над

sipër

върху

mbi

под

poshtë

до

pranë

между

midis

място

vend